GUÍA DE LECTURA

Escrita por Lina Duarte Tovar

Soldados de Salamina

de Javier Cercas

Resumen
Express.com

Entiende fácilmente
la literatura con

Resumen
Express.com

www.resumenexpress.com

JAVIER CERCAS

EL DIFUSO LÍMITE ENTRE REALIDAD Y FICCIÓN

- **Nacido en 1962 en Ibahernando (España)**
- **Premios literarios:**
  - Premio Independent Foreign Fiction Prize por *Soldados de Salamina* (2004)
  - Premio Medalla de Extremadura por *Soldados de Salamina* (2005)
  - Premio Nacional de Narrativa por *Anatomía de un instante* (2010)
- **Algunas de sus obras:**
  - *La velocidad de la luz* (2005), novela
  - *Anatomía de un instante* (2009), novela
  - *Las leyes de la frontera* (2012), novela

Javier Cercas nació en Ibahernando, un pequeño municipio de la provincia de Cáceres, en Extremadura (España). Cuando tenía cuatro años, la familia se mudó a Gerona, en Cataluña y, posteriormente, Cercas se trasladó a Barcelona para estudiar Filología Hispánica en la Universidad

Autónoma de la ciudad, donde obtuvo su título en 1985. Dos años más trabajó en la Universidad de Illinois, en Urbana-Champaign (Estados Unidos), y aprovechó su estancia en este país para escribir su primera novela, *El móvil* (1987). En 1989 comenzó a trabajar como profesor en la Universidad de Gerona y también como colaborador en varios periódicos, escribiendo algunas reseñas. Desde entonces, Cercas es colaborador habitual de la edición catalana y del suplemento dominical del periódico *El País*.

Hasta el año 2000, Cercas era un escritor muy poco conocido en España. Sin embargo, su suerte cambiaría con la publicación de su novela *Soldados de Salamina* en 2001, que lo convirtió en un escritor mundialmente reconocido. La novela recibió críticas de escritores prestigiosos como Mario Vargas Llosa, J. M. Coetzee, Doris Lessing y Susan Sontag. Las numerosas ventas de esta obra le permitieron a Cercas dedicarse por completo a la escritura, así que abandonó su puesto como profesor de Filología. Su siguiente novela, *La velocidad de la luz* (2005), revalidó su talento como escritor y le valió varios premios. Sus otras novelas, como *Anatomía de un instante* (2009),

Las leyes de la frontera (2012) o *El impostor* (2014), también evidencian el fuerte interés de Cercas por la guerra civil española y por la Transición —el momento inmediatamente posterior al régimen de Franco—.

El estilo de Cercas se caracteriza por mezclar realidad y ficción hasta tal punto que el lector no puede diferenciar una de otra. Según Cercas, la novela sirve para explorar los límites de los géneros, y en esta experimentación el lector es una pieza fundamental. En una entrevista, Cercas dice que «escribir es una aventura en la que el lector te acompaña, a medida que yo descubro, el lector también va descubriendo» (Cruz Vázquez 2012).

¿Sabía que...?

Durante el año 2000 se publicó una antología de escritores españoles titulada *Páginas amarillas*, pero Cercas, por entonces poco conocido, fue excluido de la lista de los escritores de su generación. A pesar de eso, su amigo Roberto Bolaño, reconocido escritor chileno, lo estimuló a seguir escribiendo. Bolaño pensaba que Cercas tenía talento y que, tarde o temprano, el público acabaría apreciando su obra.

SOLDADOS DE SALAMINA

EL ESCRITOR Y SU PAPEL EN LA HISTORIA

- **Género:** novela/novela histórica
- **Edición de referencia:** Cercas, Javier. 2015. *Soldados de Salamina*. Bogotá: Random House Mondadori
- **Primera edición**: 2001
- **Temáticas:** memoria histórica, heroísmo, papel de la escritura

Soldados de Salamina es la historia de un proceso creativo. Cercas es un escritor fracasado que decide dejar de escribir porque aparentemente no tiene talento y porque esto está afectando a su salud mental. Sin embargo, en una entrevista que debe hacer para el periódico en el que trabaja, entra en contacto con una historia que lo deja anonadado. Se trata de un episodio bélico, ocurrido sesenta años atrás y que involucra a Rafael Sánchez Mazas, fundador e ideólogo de la Falange y posterior ministro de Franco: Mazas logra sobrevivir a un fusilamiento en la frontera francesa a manos de soldados republicanos que huyen hacia el exilio. Mientras escapa de los republicanos, uno de ellos lo descubre, pero le perdona la vida. La novela es una investigación alrededor de este episodio para aclarar sus circunstancias, además de una forma de reivindicar el proceso creativo de un escritor que, al desentrañar el significado de este episodio, reafirma de alguna forma su voluntad de escribir.

Soldados de Salamina es el primer éxito editorial de Javier Cercas. Desde su publicación, la obra no ha dejado de leerse en todo el mundo con creciente admiración y ha sido traducida a más de veinte idiomas. De hecho, hacia el año 2005 ya había vendido más de un millón de copias.

RESUMEN

UNA INVESTIGACIÓN A CARGO DE UN ESCRITOR FRACASADO

Javier Cercas ha abandonado sus ambiciones literarias y ha pedido reincorporarse al periódico en el que trabajaba. Han sucedido tres cosas: su padre ha muerto, su mujer lo ha abandonado y se ha dado cuenta de que, después de cinco años de angustia económica y metafísica y de tres novelas sin terminar, debe entender que nunca llegará a ser un gran escritor.

Relegado a la sección de cultura, Cercas comienza enseguida a escribir artículos y a hacer entrevistas. Una de ellas debe hacérsela a Rafael Sánchez Ferlosio, y constituye un verdadero reto para el escritor, pues el entrevistado divaga y nunca responde propiamente a sus preguntas. Una de las declaraciones de Sánchez arrastra a Cercas a una historia que lo tendrá en vilo durante al menos dos años: la del intento de fusilamiento de su padre, Rafael Sánchez Mazas, fundador e ideólogo de la Falange, poeta y posterior ministro de Franco.

A finales de enero de 1939, apenas dos meses antes del final de la Guerra Civil, un grupo de prisioneros franquistas es fusilado cerca de la frontera francesa, en el Collell, por soldados republicanos que, sabiendo que la guerra estaba perdida y que los franquistas les pisaban los talones, habían decidido huir hacia el exilio matando a tantos fascistas como les fuera posible. Debido a que se trató de un caótico fusilamiento en masa, Sánchez Mazas pudo escapar y refugiarse en la espesura del bosque. Se escondió en un agujero para huir de los republicanos, que lo buscaban. Al final, uno de ellos lo descubrió y se quedó mirándolo un momento para después marcharse. Sánchez Mazas pasó varios días en el bosque y no hubiera sobrevivido de no haber sido por un grupo de jóvenes —a los que llama «los amigos del bosque»— de un pueblo llamado Cornellà de Terri, que lo protegieron y alimentaron hasta que llegaron los franquistas. Pero... ¿quién fue el soldado que lo dejó escapar? ¿Por qué le salvó la vida? ¿Quién era realmente Sánchez Mazas? ¿Realmente sucedió esta peripecia de guerra?

Cercas se queda fascinado con la historia. Un día, aprovechando el año del sesenta aniversario del final de la Guerra Civil, alguien en el periódico sugiere la idea de escribir un artículo conmemorativo del tristísimo final del poeta Antonio Machado que, en enero de 1939, en compañía de su madre y de su hermano José, huyó desde Barcelona hasta Colliure, al otro lado de la frontera, donde murió poco después. Cercas se dispone a escribir el mismo artículo rutinario, pero entonces se acuerda de que por esa época Sánchez Mazas estaba librando su propia batalla contra la muerte. Esta coincidencia y, a la vez, este contraste entre dos hechos terribles, podría dar un nuevo significado a la conmemoración y a una historia que ya se ha contado tantas veces. Escribe el artículo y, para su sorpresa, recibe en respuesta tres cartas. Una de ellas, la más interesante, la escribe un historiador llamado Miguel Aguirre. Aguirre dice que lleva varios años estudiando lo ocurrido en la provincia de Banyoles y le cuenta que Sánchez Mazas no fue el único superviviente del fusilamiento del Collell. También lo fue Jesús Pascual Aguilar, que había escrito un libro refiriéndose al incidente llamado

Yo fui asesinado por los rojos. Así, la investigación de Cercas comienza formalmente.

Gracias a Aguirre, Cercas logra entrar en contacto con fuentes determinantes para corroborar los elementos de la historia de Rafael Sánchez Mazas, así como para descubrir sus detalles ocultos. Cercas inicia su investigación con una visita a la filmoteca de Cataluña, donde encuentra un video de Sánchez Mazas contando el episodio del fusilamiento en uno de los primeros noticieros de la posguerra. Luego habla con el escritor Andrés Trapiello, que editó la obra poética de Sánchez Mazas y que escribió sobre él. Cuanto más va avanzando en su investigación, más descubre que quiere contar esa historia, por lo que, después de casi diez años sin escribir un libro, decide intentarlo de nuevo. Se trataría esta vez de un relato real, amasado con hechos y personajes verdaderos, que estaría centrado en el fusilamiento de Sánchez Mazas y en las circunstancias que lo precedieron y que lo llevaron a esa situación. Para lograrlo, contará en todo momento con el apoyo de su novia Conchi.

Tratar de poner en orden la información encontrada hasta el momento y comprender dentro de lo posible al personaje y sus circunstancias se convirtió para Cercas en una obsesión que constituía el motor de su escritura. Así pues, releyó los libros de Sánchez Mazas y sus artículos de prensa; recorrió bibliotecas, hemerotecas y archivos para encontrar información; viajó a Madrid y a Barcelona para hablar con eruditos y con conocidos (o con conocidos de conocidos de Sánchez Mazas), etc. Sin embargo, tal vez el episodio más enriquecedor fue conocer a Jaume Figueras, hijo de uno de los «amigos del bosque». Jaume le entregó una vieja libreta verde: el diario que llevó Sánchez Mazas durante sus días en el bosque, mientras esperaba a los franquistas. A su vez, Figueras lo puso en contacto con Joaquim Figueras y Daniel Angelats, dos de los tres «amigos del bosque», y con María Ferré, la primera persona que protegió a Sánchez Mazas. Si bien los tres superaban ya los ochenta años, recordaban bien aquel episodio y, aunque las versiones de los tres diferían, no eran contradictorias, sino que más bien se complementaban como piezas del rompecabezas en la aventura de Sánchez Mazas. Quien terminó de darle el impulso final a Cercas fue Angelats, que le preguntó por un libro que Sánchez Mazas iba a escribir sobre el episodio en cuestión y que se llamaba *Soldados de Salamina*. Como él nunca lo hizo, Cercas decidió escribirlo.

EN BUSCA DE LA PIEZA QUE FALTA

Cercas terminó de escribir *Soldados de Salamina* mucho antes de lo esperado. Sin embargo, la euforia con que lo había escrito se convirtió en decepción tras una primera lectura. El libro no era malo, sino insuficiente, le faltaba una pieza. Cercas reescribió el principio, el final, varios episodios, cambió de lugar unas y otras partes, pero la pieza no aparecía. Era una novela coja. Cercas no se había dado cuenta de que, a medida que avanzaba, el libro había cobrado vida propia y de que, si bien lo que había averiguado sobre Sánchez Mazas iba a constituir el núcleo de su obra, debía dejar de depender de la investigación, pues «un escritor no escribe nunca acerca de lo que conoce, sino precisamente de lo que desconoce» (Cercas 2010, 131).

Fue entonces cuando conoció al que sería uno de los iconos de la literatura latinoamericana, el chileno Roberto Bolaño. Este le contaría una historia que cambiaría para siempre el rumbo de *Soldados de Salamina*. Durante uno de los trabajos que tuvo para sobrevivir, Bolaño había conocido a Antoni Miralles, un excombatiente republicano que en 1939 estuvo en la zona del fusilamiento del Collell y que cruzó la frontera con Francia para escapar de los franquistas. Una extraña coincidencia. La historia sirve como una suerte de revelación para Cercas: ¿y si Miralles era la pieza que faltaba en su novela? ¿Y si Miralles era el soldado? Entonces el escritor se entrega a la búsqueda de este hombre con todas sus fuerzas, y logra encontrarlo. Se reúne con él y conversan durante todo un día. De vuelta a casa, descubre que la pieza que busca había estado en su cabeza desde el principio. Ahora solo debía escribir la novela, que es la misma que estamos leyendo.

¿Sabía que...?

La forma en la que Cercas mezcla realidad y ficción ha despertado la crítica de otros escritores. En 2003, el periodista y escritor Gregorio Morán cuestionó la veracidad de los hechos narrados en *Soldados de Salamina* en su artículo «Soldadito de plomo en Salamina», publicado en *La Vanguardia*. Cercas respondió con un escrito titulado

«La falsificación de la historia». En él, acusó a Morán de criticar sin argumentos la novela y de tildarla de «falsificación histórica» solo para probar que él tenía razón, pues años atrás había publicado un ensayo histórico en el que decía que el fusilamiento no había sido más que una invención de Sánchez Mazas. Sin embargo, realmente existen suficientes pruebas que demuestran que era Morán el que se equivocaba, pues en su ensayo no cita ni una sola fuente primaria ni secundaria. Cercas, además, aprovechó para defender el papel del escritor que, al contrario de los periodistas o de los historiadores, puede darse licencias; pero argumentó que, en este caso en particular, si estas licencias se tomaron, fue después de una investigación muy rigurosa.

ESTUDIO DE LOS PERSONAJES

Para el análisis de los personajes de *Soldados de Salamina* tenemos que tener en cuenta que muchos de estos existen o existieron. Por esta razón, nuestra lectura de ellos no debe estar sesgada por su vida ni por la posibilidad de que sean o no así en la vida real. Su estudio se realizará únicamente en el marco de lo escrito en *Soldados de Salamina*.

JAVIER CERCAS

Es el protagonista de la historia y su narrador. A pesar de que comparte muchos rasgos con el escritor de la novela, no debemos confundirlo con él. Al inicio se nos presenta como un escritor fracasado que está pasando por una mala racha: su padre ha muerto, su esposa lo ha dejado y tiene tres novelas sin terminar. Piensa que, tras cinco años intentando escribir, debe aceptar de una vez que no tiene madera para la escritura y que, más bien, debe dedicarse al periodismo, para lo que cree que sí sirve.

Sin embargo, conocer la historia del fusilamiento de Sánchez Mazas enciende de nuevo en él la chispa de la escritura. Cercas dedica toda su atención y esfuerzo a reunir las pistas que lo llevarán a conocer la historia de esta «gran figura del falangismo» que desafió a la muerte. El problema es que, por más que se embarca en una investigación rigurosa en la que reúne tanto fuentes primarias como secundarias, al terminar su novela se da cuenta de que esta no tiene corazón, algo que hace que vuelvan las inseguridades. Cercas carga consigo la sensación de ser un escritor fracasado y, cuando alguien habla de haber leído su primera novela publicada —que curiosamente lleva el mismo nombre de la primera novela escrita por el verdadero Cercas—, siente que secretamente se están burlando de él, aunque esa no sea realmente la intención de los demás. La escritura de *Soldados de Salamina* constituye para Cercas un proceso de aprendizaje como escritor y una oportunidad para ver con otros ojos el papel que cumplen la vida y las palabras en la obra de arte.

ROBERTO BOLAÑO

La aparición de este personaje constituye una sorpresa para el lector por la fama que lo precede. Es muy curioso dejar de pensar en esta gran figura de la literatura hispanoamericana y concentrarnos en el personaje, que de todas formas tiene varios rasgos similares al verdadero Bolaño, como su aire de buhonero hippie. El Bolaño representado en la novela es un escritor en camino a la fama, cuya obra ha comenzado a ser rentable y que por el momento disfruta de una vida apacible en Blanes, un pueblo costero situado en la frontera entre las provincias de Barcelona y Gerona, con su esposa e hijo.

Dentro de la trama de la novela, el autor chileno cumple una función bien específica: le cuenta a Cercas una anécdota que le sirve como estímulo creativo y que posee un centro en torno al cual encuentran cohesión todas las piezas del relato. En realidad, la propia inseguridad del protagonista hace que la novela cojee y provoca que esté a punto de darse por vencido.

El papel de Bolaño es algo así como el de un mentor que anima al protagonista en múltiples ocasiones. Cercas comienza la escritura de *Soldados de Salamina* pensando que, por tratarse de una novela basada en hechos reales, será más sencillo escribirla. Sin embargo, el escritor chileno le enseña que lo que debe guiar la narración no es solo la coherencia de los episodios, sino que debe encontrar un elemento que le dé unidad: la pieza que falta y que le debe dar vida a la novela. Bolaño le cuenta a Cercas cómo su escritura aspiraba a ser un homenaje a todos los jóvenes latinoamericanos, compañeros de generación que habían muerto luchando por sus ideales, y le ayuda a hallar el motor de su escritura. El lector también se embarca en ese reto.

RAFAEL SÁNCHEZ MAZAS

En un principio, Sánchez Mazas parece el protagonista de la novela, pues el proyecto de escritura gira completamente en torno a él. Cercas dedica meses a reunir todas las piezas para recrear la historia del fusilamiento al que Mazas sobrevivió milagrosamente. De hecho, la segunda parte de la novela, que lleva el mismo nombre de la obra, *Soldados de Salamina*, está completamente dedicada a Sánchez Mazas y muestra el compromiso y rigurosidad de Cercas al escribir.

A pesar de que Sánchez Mazas es el personaje del que más sabemos, pues durante la segunda parte de la novela nos cuentan todos los pormenores de su infancia, juventud, participación en la retórica de la Falange, participación en la guerra y papel en el Gobierno de Franco, no sentimos ningún tipo de conexión con él, sentimos que no lo conocemos por completo. No adquiere la misma tridimensionalidad de los demás personajes y tal vez ese sea el motivo por el que Cercas siente que, a pesar de toda la minuciosidad de detalles que despliega en *Soldados de Salamina*, a su novela le falta una pieza.

ANTONI MIRALLES

Antoni Miralles es tal vez uno de los personajes más entrañables de la novela. Lo es porque, aunque aparece tan solo en la tercera parte, cuenta con una profundidad que hace que el lector sienta empatía inmediata por él, al contrario de lo que ocurre con el personaje de Sánchez Mazas. Miralles fue un excombatiente del bando de la República y participó en la Legión Extranjera. Después de pisar una mina, lo pensionaron de por vida. Sin embargo, no es esto lo que permite la construcción de un puente de empatía entre él y los lectores, sino más bien las pequeñas cosas: por ejemplo, la imagen de Miralles bailando un pasodoble triste abrazado a su novia del momento, Luz, o pidiéndole cigarrillos a Cercas para fumar a escondidas de las monjas. Este personaje grueso, destartalado, es el que le da corazón a la novela de Cercas. Por un momento hasta nos olvidamos del personaje de Sánchez Mazas y centramos toda nuestra atención en descubrir si Miralles es el soldado que le perdonó la vida o no.

CONCHI

Es la novia de Cercas en el momento en que se desarrolla la investigación. Al contrario que él, Conchi es alegre y despreocupada y, a pesar de no contar con un profundo bagaje intelectual, siempre está dispuesta a apoyar a Cercas para que él escriba la novela. Incluso le da consejos de escritura, aunque él no se los pida.

CONSIDERACIONES FORMALES

¿NOVELA HÍBRIDA?

En términos estructurales, la pregunta más importante para analizar la novela *Soldados de Salamina* es si se trata de una novela de ficción o de una autobiografía como tal. Por supuesto, la novela tiene tintes autobiográficos, entrecruzamientos con la vida de Cercas, como el título de su primera novela o su amistad con Bolaño. Sin embargo, esta pregunta puede llevarnos a un proceso inútil de comparar y contar cuántas coincidencias hay entre vida y obra.

Lo que resulta todavía más interesante es la pregunta acerca de cómo se construye este género de novela híbrida: *Soldados de Salamina* está escrita en primera persona, lo que permite desde el primer momento que el lector sienta una conexión especial con el narrador. Este, además, se nos presenta como un escritor fracasado, rompiendo así con el cliché de los escritores como figuras perfectas e inaccesibles. En la novela, este escritor en formación indaga sobre la posibilidad de conjugar su habilidad como periodista con su vocación de escritor literario, en el marco de un proyecto narrativo inmerso en la guerra civil española, sesenta años después de que tuviera lugar. Así pues, para la escritura de este texto se vale tanto de los métodos investigativos periodísticos, como las entrevistas o las visitas a los archivos, como de las estrategias literarias propias de la ficción. Esto permite crear un tercer género. Esta amalgama, paradójicamente, acepta su carácter ficticio y sus límites respecto a la objetividad de la historia, sin dejar de ser verosímil y en apariencia hasta más real que la misma versión oficial dada por las fuentes encontradas gracias a la investigación periodística. Además, ofrece una nueva experiencia al lector. Resulta curioso pensar por qué un escritor habría de compartirnos el proceso de escritura de una novela, cuando, como lectores, estamos acostumbrados a tratar con una especie de «producto final acabado». ¿Es el final de *Soldados de Salamina* el verdadero final de la novela? ¿Es lo que estamos leyendo esa versión final que tiene Cercas en mente mientras viaja en tren de vuelta a España? La novela híbrida abre todo este espectro de posibilidades.

TRES NIVELES DE ESCRITURA

Como trataremos más adelante, *Soldados de Salamina* es un ejercicio narrativo que, aunque esté basado en hechos reales y debidamente documentados sobre el pasado, se envuelve de un halo de ficción debido a la forma en que el autor dispone las partes a modo de relato. Durante su lectura, nos damos cuenta de que la estructura de la novela es una suerte de circunferencia dibujada en tres grandes trazos. En la primera parte, el protagonista enuncia su proyecto de escritura, cuyo proceso lo llevó a una investigación juiciosa y apasionada que desencadena en la segunda parte. En la tercera parte, por el contrario, el escritor nos revela que ha leído el resultado final y que no se siente para nada satisfecho. Ha intentado reorganizar y escribir ciertas partes, pero el resultado sigue siendo insuficiente.

Tal vez para entender mejor estos tres niveles de escritura podríamos pensar en Cercas-personaje como una persona que está nadando por debajo del agua y que debe salir a tomar aire. La primera y tercera parte constituyen los momentos de tomar aire y, la segunda, el momento de sumergirse. En la «primera parte», Cercas-personaje se nos presenta con todos sus errores y fracasos y nos cuenta cómo se obsesionó por la historia de una figura mítica del falangismo que sobrevivió a un fusilamiento y que pudo conservar su vida gracias a la misericordia de un soldado republicano anónimo. Eso sí, nos advierte que será como una novela, solo que en vez de ser ficción, estará basada en hechos reales. En este momento de la obra, parece como si el escritor no pudiera evitar ser él mismo y caer en su impulso de ser escritor, aunque se escude en fuentes primarias y secundarias para evadir responsabilidades.

En la segunda parte, llamada «Soldados de Salamina», el manejo narrativo cambia por completo. El escritor se sumerge en la escritura de la vida de Sánchez Mazas. La reconstrucción biográfica, escrita en tercera persona del singular, permite relatar la vida del promotor de la Falange, uniendo los resultados de su investigación y del trabajo de campo con sus digresiones personales. Por ejemplo, el episodio del fusilamiento en el Collell se narra con todo lujo de detalles, pero también se centra en la experiencia de un «pez gordo» de la Falange que, como cualquier ser humano en su situación, siente miedo, hambre y desesperanza. Dentro de lo posible, también se basa en la experiencia de un soldado anónimo y derrotado que tiene un gesto de humanidad que supera la noción de un bando enemigo, y que por un momento es más grande que la guerra misma.

En la tercera parte, «Cita en Stockton», el escritor toma otra bocanada de aire. Siente que ha fracasado y necesita detenerse un momento a pensar. El estilo de esta tercera parte es más similar al de la primera. De hecho, en la segunda, extrañamos a Cercas-personaje, pues de alguna manera nos ha dejado solos con un Sánchez Mazas más bien lejano, y no precisamente por su posición política. Queremos saber qué va a pasar con el escritor, si se rendirá o no, pues sabemos el trabajo que le ha costado llegar hasta este punto, sobre todo a nivel de vencer su propio ego y sus inseguridades. En este momento, aparece algo así como un mentor, Roberto Bolaño, quien le recuerda que un escritor no deja de ser un escritor aunque no escriba, y que «todos los buenos relatos son hechos reales, por lo menos para quien los lee, que es el único que cuenta» (Cercas 2010, 151). Además, la aparición de Miralles en este punto sirve como espacio de reflexión para el escritor; más que importarnos si Miralles era el soldado o no, debemos pensar en cómo entrar en contacto con este personaje le proporcionó a Cercas la clave para culminar su proyecto narrativo. El círculo, entonces, se cierra cuando al final de la obra el escritor declara haber completado su novela y tener en mente las primeras líneas, que son las mismas con las que inicia el primer capítulo de la novela: «Fue en el verano de 1994, hace ahora más de seis años, cuando oí hablar por primera vez del fusilamiento de Rafael Sánchez Mazas» (Cercas 2010, 190).

TEMÁTICAS Y CLAVES DE LECTURA

MEMORIA HISTÓRICA

> «Uno de los fenómenos culturales y políticos más sorprendentes de los últimos años es el surgimiento de la memoria como una preocupación central de la cultura y de la política de las sociedades occidentales, un giro hacia el pasado que contrasta de manera notable con la tendencia a privilegiar el futuro, tan característica de las primeras décadas de la modernidad del siglo XX» (Huyssen 2002, citado en Bungård 2012).

La cultura española no es una excepción al respecto. En los últimos años, el foco de la novela, del ensayo y del discurso historiográfico, como dice Ana Bungård, se ha centrado más en estudiar y escribir sobre el pasado que en ocuparse del futuro. Hoy en día, se mira hacia atrás en busca de una memoria y de reconocimiento para las víctimas de la guerra civil española, especialmente para aquellas en el bando de los «perdedores». Es indudable para todos la importancia que *Soldados de Salamina* ha tenido en el resurgimiento del interés del público lector y de los demás escritores españoles en la recuperación de la memoria histórica de la guerra civil española.

Sin embargo, el tratamiento de este tema no se queda solamente en la recopilación de los hechos ni en la elección de un bando. Se trata más bien de una novela acerca de la relación que las personas tienen con este episodio histórico sesenta años después, y de cómo esta guerra ha pervivido en el presente siglo XXI: ¿puede una novela, de alguna forma, servir de mecanismo de justicia para las víctimas del franquismo? Aunque no podemos responder a esta pregunta, sí podemos decir que *Soldados de Salamina* es la historia de un hombre nacido en la posguerra, harto de las mismas novelas y artículos que se han escrito sobre la guerra —que le parecen tan remotas y ajenas como la mismísima batalla de Salamina, ocurrida en el siglo V a. C., durante las Guerras Médicas—, y que decide tomar la memoria con sus propias manos. Sin embargo, también es la historia de un hombre que, sin quererlo, termina cambiando de opinión sobre este episodio histórico, pues descubre que no puede escapar de él, ya que forma parte de la persona que es hoy. Un presente colectivo, pero también individual; un cúmulo de historias de los hombres de carne y hueso que dieron su vida sin saber por qué estaban peleando, pero que alcanzarán la inmortalidad mientras permanezcan en la memoria de la gente: en las conversaciones durante el almuerzo, en la visita a un anciano, o incluso en la escritura de una novela como esta.

HEROÍSMO

Soldados de Salamina es la recopilación de la historia de uno o de varios hombres. Tal vez uno de los grandes descubrimientos para el Cercas-personaje es justamente ese: que trata de hombres y no de piezas de rompecabezas ni de folios de archivo. Surgen entonces preguntas: ¿qué es un héroe?, ¿todas las novelas tratan de héroes?

En una discusión entre Cercas-personaje y Bolaño, ambos escritores se preguntan si un héroe es la persona que se arriesga y acierta, y se hace la diferencia entre héroe y persona decente, pues personas decentes hay muchas y héroes, pocos. Los héroes, además, tienen algo de irracional, de instintivo, algo que está en su naturaleza y de lo que no pueden escapar. ¿Es Sánchez Mazas un héroe? ¿Es Miralles un héroe? ¿Es el soldado un héroe? Si bien la guerra es por antonomasia el momento de los héroes y de los poetas, no todos forman parte del selecto pabellón de la historia y quién sabe si existe una suerte de prueba que permita distinguir a héroes de hombres decentes.

Como dice Cercas al final de la obra, aunque nunca habrá una calle en Dijon que se llame Miralles, mientras alguien se tome el trabajo de acercarse a conocer esa historia su protagonista seguirá viviendo y, con él, todas las personas que lo acompañaron aunque, como él, lleven mucho tiempo muertos. Porque el heroísmo no es la historia de los peces gordos, de los ganadores, sino de todas las personas que han pasado por este mundo. De aquellos que se mantuvieron fieles a sí mismos y que, en el momento en que verdaderamente importaba no equivocarse, no se equivocaron, porque eran puros y valientes. Los libros, entonces, resucitarán a esos muertos.

EL PAPEL DE LA ESCRITURA

Soldados de Salamina es la historia de un proceso creativo. Sin embargo, estamos hablando de un proceso que desafía el cliché del autor como última autoridad y el de la novela como proceso acabado. El autor no es una persona solitaria que se encierra horas a escribir la obra que le dicta una musa. Es un hombre común, con inseguridades, que ha fracasado previamente y que se mueve entre ciudades y personas tratando de hallar las pistas que lo lleven a la historia que quiere contar. Necesita la ayuda de los demás para poder crear y, en este sentido, estamos hablando de una obra colectiva, aunque esté escrita a una mano.

En su escrito «Sobre el arte de la novela (respuesta a Félix de Azúa)», Cercas dice que toda novela es al mismo tiempo autorreferencial y referencial. Autorreferencial porque alude a sí misma, porque llama la atención sobre la forma en la que sus materiales se han dispuesto, en la tradición en la que se escribe y que confluye en ella. Referencial porque el lenguaje también lo es y nadie puede decir la palabra «árbol» sin imaginarse antes la imagen de un árbol. Sin embargo, como le sucedió al escritor de *Soldados de Salamina* (es decir, al Cercas-personaje), escribir una novela no solo consiste en contar bien una historia o en organizar bien todas las partes que dan forma a un argumento; siempre hay mucho más: están, por ejemplo, la derrota, el deseo, el miedo o la esperanza; en definitiva, todos aquellos elementos que conforman nuestra vida y frente a los cuales no se puede ser indiferente ni inane.

Esta es la esencia del proceso por el que pasó el Cercas-personaje de la mano de sus amigos Bolaño y Conchi. La novela comienza con la escritura de una novela que quiere ser elaborada de forma segura, sin errores, sin contratiempos, pero que carece de alma, porque su autor está demasiado asustado para poder ver más allá de las fuentes. Tal vez por eso, el personaje de Miralles es tan importante en esta novela: si bien nunca se esclarece si él fue el soldado que le perdonó la vida a Sánchez Mazas, su presencia en la novela es la que hace que esté viva y que, por tanto, el escritor decida arriesgarse una vez más. Tal vez en este momento sería apropiado sacar a colación el epígrafe de la novela escrito por Hesíodo y que dice: «Los dioses han ocultado lo que hace vivir a los hombres». ¿Qué nos quiere decir? Tal vez se refiere a la alegría de darnos cuenta de que estamos vivos y, en ese sentido, a la necesidad de celebrar la vida con el arte para honrar tanto a los vivos como a los muertos.

PISTAS PARA LA REFLEXIÓN

ALGUNAS PREGUNTAS PARA PROFUNDIZAR EN SU REFLEXIÓN...

- ¿Qué papel cumple el soldado que le perdonó la vida a Sánchez Mazas en la novela? Justifique su respuesta.
- ¿Qué papel cumple la escritura en *Soldados de Salamina*? ¿Y la guerra?
- ¿Qué cree que pasa en la vida de Cercas, el personaje, en el momento en el que decide aventurarse a escribir una novela después de varios años sin escribir?
- ¿Qué papel desempeña el fracaso en esta novela?
- ¿Considera que *Soldados de Salamina* es un canto a la vida? Justifique su respuesta.
- Reescriba la escena en la que el soldado encontró a Sánchez Mazas, pero ahora desde la perspectiva del soldado. ¿Por qué le perdonó la vida?

- ¿Hasta qué punto la memoria es un proceso colectivo o un proceso individual? Justifique su respuesta.

¡Su opinión nos interesa!
¡Deje un comentario en la página web de su
librería en línea,
y comparta sus favoritos en las redes sociales!

PARA IR MÁS ALLÁ

EDICIÓN DE REFERENCIA

- Cercas, Javier. 2010. *Soldados de Salamina*. Bogotá: Random House Mondadori.

ESTUDIOS DE REFERENCIA

- Bungård, Ana. 2012. "Registros de la imaginación utópica en la ficción memorialista española actual: El lápiz del carpintero, Soldados de Salamina y Anatomía de un instante". *La memoria novelada: hibridación de géneros y metaficción en la novela española sobre la guerra civil y el franquismo (2000-2010)*. Berna: Peter Lang, colección *Perspectivas hispánicas*. Consultado el 16 de febrero de 2017. http://public.eblib.com/choice/publicfullrecord.aspx?p=1056165

- Cercas, Javier. 2006. *"La falsificación de la historia"*. *La verdad de Agamenón*. Madrid: Penguin Random House Grupo Editorial. Consultado el 5 de febrero de 2017. https://books.google.com.co/books?id=GK5RDe_dDvYC&printsec=frontcover#-v=onepage&q&f=false

- Cercas, Javier. 2002. "Sobre el arte de la novela (respuesta a Félix de Azúa)". *Letras Hispánicas*.

31 de julio. Consultado el 5 de febrero de 2017. http://www.letraslibres.com/mexico-espana/ sobre-el-arte-la-novela-respuesta-felix-azua

- Cruz Vázquez, Mari. 2012. "Javier Cercas, escritor". *Vivir Extremadura*. Consultado el 2 de febrero de 2017. http://www.vivirextremadura.es/ javier-cercas-escritor/

LECTURA RECOMENDADA

- Cercas, Javier. 2007. "Por qué escribir". *El País*. 11 de marzo. Consultado el 2 de febrero de 2017. http://elpais.com/diario/2007/03/11/ eps/1173597347_850215.html

ADAPTACIÓN

- *Soldados de Salamina*. Dirigida por David Trueba, con Ariadna Gil, Ramón Fontserè, Joan Dalmau, María Botto, Diego Luna, Alberto Ferreriro. España: Lolafilms y Fernando Trueba P. C., 2003.

Made in the USA
Coppell, TX
09 January 2020